JN440095

영어 필기체
아름답게 쓰기

아름다운 물결체

남상춘 지음

머리말

영어 필기체는 오랜 역사를 가지고 있으며 서예의 한 분야입니다. 인터넷의 등장으로 영어 필기체의 사용은 줄었지만 취미활동으로 꾸준히 발전하고 있습니다.

영어 필기체 쓰기를 좋아하는 저는 강, 호수, 바다 등 물결모습을 영어 필기체에 도입하여 물결모양의 서체를 만들고 아름다운 물결체라고 이름 붙였습니다. 인생이 물결처럼 끊임없이 오르내림을 계속하며 나아가듯, 아름다운 물결체는 인생의 이해와 표현입니다. 원리가 간단하고 이해하기 쉬워서 누구나 즐길 수 있습니다.

남상춘 올림

CONTENTS

01.
아름다운 물결체의 원리

영어 필기체는 초승달 모습을 철자와 철자를 연결하면서 수평으로 좌에서 우로 끌고 가는 이런 필기방식입니다. 이 형태는 물결이 나아가는 모습과 닮았습니다. 물결은 수평에서 하강하여 수평으로 오르는 초승달형과 수평에서 상승하여 수평으로 내려오는 그믐달형이 연속되는 모습입니다.

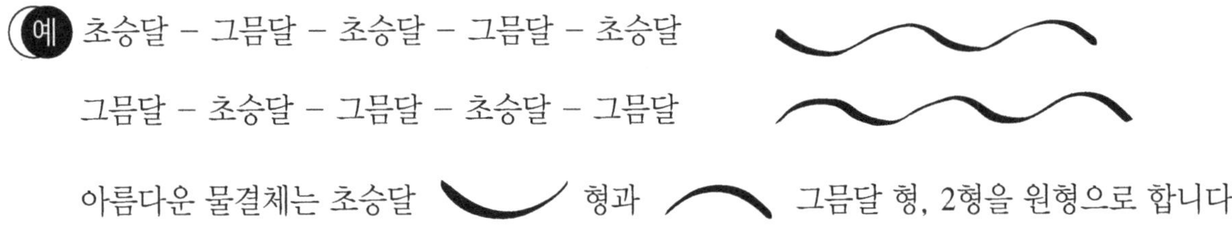

02.

아름다운 물결체 기본 4형의 구성

아름다운 물결체를 구성하는 원형 2개 초승달 , 그믐달 을 가지고 아름다운 물결체 기본 4형을 A형, B형, C형, D형으로 이름을 붙입니다.

- A형은 초승달입니다. 단어의 머리와 끝에 자연스럽게 붙습니다.

  일반적으로 영어필기체에서 단어의 머리와 꼬리에 획을 길게 끌지 않습니다.

단어의 머리나 꼬리에 초승달 을 붙이는 것은 획을 길게 끌어 모양을 만드는 것입니다.

sun , man

- B형은 그믐달에 초승달을 붙입니다. . 이 형은 단의 머리에 쓰고, 대칭형인 초승달 · 그믐달 은 단어의 꼬리에 쓰입니다. 이 형은 필기체의 흐름에 따라 단어의 머리에 쓰기에는 부자연스러워서 쓰지 않습니다. 즉 B형은 머리에는 그믐달 · 초승달 꼬리에는 초승달 · 그믐달을 씁니다. 이 B원형에서 실제 쓸 때는 머리에서는 그믐달이 크고 초승달은 작게 쓰게 됩니다 . 반대로 꼬리에서는 초승달이 작고, 그믐달이 크게 됩니다 . 이 형태는 물결의 퍼지는 모습에 착안한 것입니다.

- C형은 달 3개 초승달 · 그믐달 · 초승달 로 구성하며 머리와 꼬리에 같이 쓸 수 있습니다. 실제 쓸 때는 머리에서는 초승달 · 그믐달 · 초승달이 점차 작아지는 형태로 쓰고, 꼬리는 초승달 · 그믐달 · 초승달 점진적으로 크게 씁니다. .

• D형은 달 4개 그믐달 · 초승달 · 그믐달 · 초승달 로 구성되며 머리에는 그대로 쓰고, 꼬리는 대조형 초승달 · 그믐달 · 초승달 · 그믐달 을 씁니다.

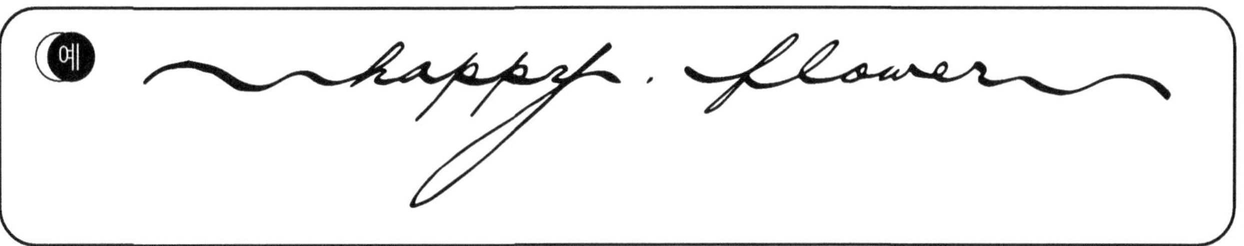

이렇게 A형, B형, C형, D형 구성됩니다.

즉 A형, B형, C형, D형 모두 원형은 달의 크기 높이, 길이가 같지만 실제 쓰기에서는, 머리에서는 달이 점진적으로 작아지고, 꼬리에서는 점진적으로 길어집니다.

10 A형은 초승달 하나입니다. 머리, 꼬리 같은 길리로 충분히 길게 붙여줍니다.

B형 원형 실용형

C형 원형 실용형

D형 원형  실용형

아름다운 물결체 기본 4체

아름다운 물결체 기본 4형,B형, C형 D형을 단어의 머리와 꼬리에 같은 형을 대칭으로 붙임으로서 기본 AA체, BB체 CC체, DD체가 구성됩니다. 이 기본 4체 모두 수평체입니다.

1) 아름다운 물결체 기본 4체 구성

(1) AA체: 초승달 형을 머리와 꼬리에 붙입니다. 머리와 꼬리형이 같습니다.

(2) BB체: B형 그믐달-초승달을 머리에, 꼬리에는 B형 초승달 · 그믐달 대칭형을 붙입니다.

(3) CC체: C형 초승달-그믐달-초승달 을 머리에, 꼬리에는 동일성 을 붙입니다.

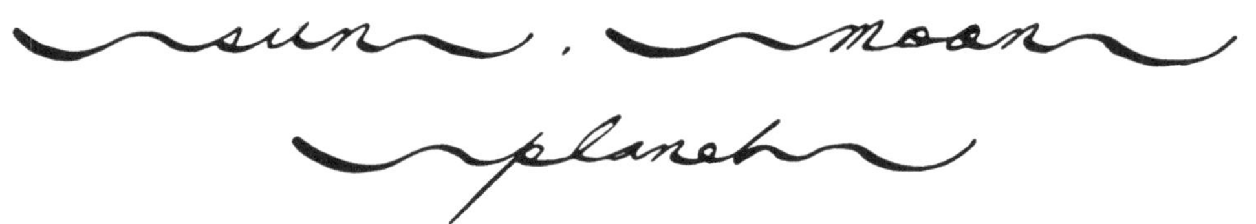

필기체 소문자를 끝자로 쓸 때는 이렇게 쓸 수 있습니다. 즉 후에 C형 을 붙이면 이렇게 됩니다. 등은, 꼬리에서 올라와서 떨어지는 부분까지 철자로하고 그 뒤에 A, B, C, D형을 붙이면 됩니다.

(4) DD체: 머리에는 D형 그믐달 · 초승달 · 그믐달 · 초승달 을 붙이고, 꼬리에는 D형의 대칭형 초승달 · 그믐달 · 초승달 · 그믐달 을 붙여서 DD체를 구성합니다.

2) 아름다운 물결체 기본 4체 예시

(1) AA체 

(2) BB체 

(3) CC체 

(4) DD체 

3) 아름다운 물결체 기본 4체 예문

(1) AA체

We make a living
by what we get, but
we make a life by
what we give.
Winston Churchill

We make a living by what we get, but we make a life by what we give.

—Winston Churchill

다른 이에게서 얻는 것으로 생계를 꾸리고 다른 이에게 베풀어 줌으로 삶을 형성한다.

We make a living by what we get, but we make a life by what we give.

Winston Churchill

인간은 남을 도울 때 삶의 의미와 행복을 느낍니다.
이타주의가 지구상에 인간의 번성을 가져 왔습니다.
서로 도움을 주고 받음으로써 살아갈 힘을 얻습니다.

(2) BB체

a man of words
and not of deeds
is like a garden
full of weeds.
Nursery Rhyme

A man of words and not of deeds is like a garden full of weeds.

−Nursery Rhyme

말만 있고 실천하지 않는 이는 잡초가 꽉 찬 정원과 다름없다.

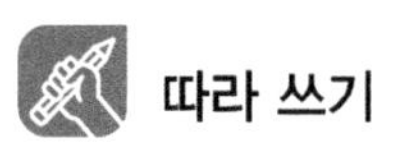

따라 쓰기

A man of words
and not of deeds
is like a garden
full of weeds.

Nursery Rhyme

누구나 말은 할 수 있어도 실천은 쉽지 않습니다.
말 만하고 실천하지 않으면 허세이고 허세의 종말은 사기꾼입니다.
말에 실천이 따르는 사람이 사람입니다.

(3) CC체

Better by far
that you should
forget and smile than
that you should
remember and be sad.
Christina Rossetti

Better by far that you should forget and smile than that you should remember and be sad.

—Christina Rossetti

잊지 않고 생각하고 슬퍼하기보다는 잊고 웃는 것이 월등히 좋다.

따라 쓰기

Better by far
than you should
forget and smile than
that you should
remember and be sad

Christina Rossetti

누구나 잊어야 할 일이 있습니다. 웃음과 시간은 위대한 치유자입니다.
기다리세요.
시간이 흐르면 잊어야 할 기억의 느낌조차도 망각의 바다에서 잠잘 테니까요!

(4) DD체

All men know the
utility of useful
things; but they
do not know the
utility of futility.
Chuan Tzu

All men know the utility of useful things; but they do not know the utility of futility.

—Chuan Tzu

모든 사람은 쓸모 있는 것의 유익성에 정통하지만 쓸모없는 것의 유익성은 모른다.

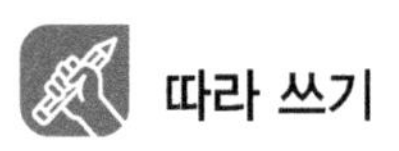

따라 쓰기

All men know the utility of useful things; but they do not know the utility of futility.

Chuan Tzu

사람은 쓸모 있는 것과 없는 것을 주관적으로 판단하는 경향이 있습니다.
객관적인 관점에서 볼 때 이 세상에 용도가 없는 것은 없습니다.
만물은 존재하는 이유가 있습니다. 사람과 사물 모두 소중합니다.

04.
아름다운 물결체 기본 16체

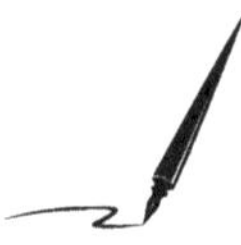

1) 아름다운 물결체 기본 4체에서 아름다운 물결체 기본 16체로 확장

AA체, BB체, CC체, DD체 기본 4체의 머리형 A, B, C, D형과 꼬리형 A, B, C, D형을 서로 교차시켜 아름다운 물결체 기본 16체를 얻을 수 있습니다.

머리형		꼬리형
A형		A형
B형		B형
C형	〈교차 조합〉	C형
D형		D형

2) 아름다운 물결체 기본 16체 예시

AA hope	BA hope	CA hope	DA hope
AB hope	BB hope	CB hope	DB hope
AC hope	BC hope	CC hope	DC hope
AD hope	BD hope	CD hope	DD hope

3) 아름다운 물결체 기본 16체 예문

(1) AA체

As a rule, men worry
more about what they
can't see than about what
they can.
Julius Caesar

As a rule, men worry more about what they can't see than about what they can.

–Julius Caesar

일반적으로 사람은 볼 수 있는 것보다는 볼 수 없는 것을 더 걱정한다.

따라 쓰기

As a rule, men worry more about what they can't see than about what they can.

Julius Caesar

인간은 상상의 능력이 있습니다. 상상은 시공을 초월합니다.
만물萬物은 빛과 그늘이 있듯이 상상은 걱정을 낳습니다.
적극적인 상상은 걱정을 몰아냅니다.
마음은 적극적인 상상의 집이어야 합니다.

(2) AB체

For all sad words
of tongue or pen,
the saddest are these;
"It might have been!"
J. G. Whittier

For of all sad words of tongue or pen, the saddest are these: "It might have been!"

–F. G. Whittier

말이든 글이든 모든 슬픈 문구 중에서 가장 슬픈 문구는 "그랬더라면!"이라는 문구이다.

For all sad words
of tongue or pen,
the saddest are these;
"It might have been!"
J. G. Whittier

과거는 지났습니다.
"그랬더라면"이라는 문구는 아무 소용이 없습니다.
그 말을 하고 싶을 때는 이렇게 말하세요!
"이제 앞으로는……." 희망은 우리를 전진하게 합니다. 희망이 삶입니다.

(3) AC체

Every baby is
born with a message
from God that He
is not despaired of
man.

Rabindranath Tagore

Every baby is born with a message from God that He is not despaired of man.

-Rabindranath Tagore

모든 아기는 신이 인간에게 절망하지 않고 있다는 전언을 가지고 세상에 온다.

따라 쓰기

Every baby is born with a message from God that He is not despaired of man.

Rabindranath Tagore

신은 인간에게 절망하지 않습니다.
아기는 희망 그 자체입니다.
희망은 절망을 녹여 미래라는 꽃을 피웁니다.
아기처럼 마음에 희망을 가득 채우세요.

(4) AD체

Try not to
become a man of
success, but rather try
to become a man
of value.
Albert Einstein

Try not to become a man of success, but rather try to become a man of value.

—Albert Einstein

성공한 사람이 되려고 시도하기보다는 가치 있는 사람이 되도록 노력하라.

따라 쓰기

Try not to become a man of success, but rather try to become a man of value.

Albert Einstein

필요를 채울 수 있는 사람이 가치 있는 사람입니다.
가치 있는 사람은 열심히 일하고 배웁니다.
이 세상은 가치 있는 사람이 필요합니다.
가치 있는 사람이 성공한 사람입니다.

(5) BA체

The greatest part of
happiness depends on
our disposition, not
our circumstances.
Martha Washington

The greatest part of happiness depends on our disposition, not our circumstances.

—Martha Washington

행복의 가장 큰 부분은 환경에 달려있는 것이 아니라 우리의 생각에 있다.

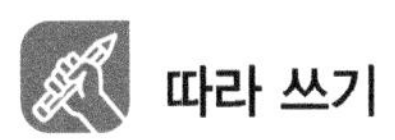

따라 쓰기

The greatest part of happiness depends on our disposition, not our circumstances.

Martha Washington

물질과 여건은 그 자체가 행복이 아닙니다.
행복은 마음의 상태이고 느낌입니다.
사람은 의식적으로 행복하다고 믿으면 행복합니다.
의식이 무의식을 지배합니다.

(6) BB체

conscience is the root
of all true courage;
if a man would be
brave let him obey
his conscience.
James Freeman Clarke

Conscience is the root of all true courage;
if a man would be brave let him obey his conscience.

—James Freeman Charke

양심은 진정한 용기의 근본이다. 용기 있는 사람이 되려거든 양심에 따라야 한다.

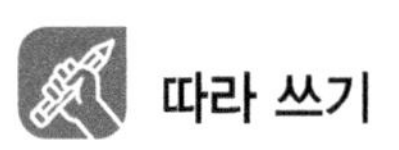

따라 쓰기

Conscience is the root of all true courage; if a man would be brave let him obey his conscience.

James Freeman Clarke

양심은 인간만이 가지는 도덕과 이성의 가치에 기초하는 후천적 깨달음입니다.
양심은 의심과 회의를 몰아내고 용기를 영접합니다.
용기를 가지고 양심을 실천하면 후회 없는 삶을 누릴 수 있습니다.

(7) BC체

enjoy the little
things, for one day
you may look back
and realize they.
were the big things

Enjoy the little things, for one day you may look back and realize they were big things.

—Robert Brault

소소한 것을 향유 하라.
언젠가 당신이 되돌아볼 때 그것이 어마어마한 누림이었다는 것을 실감할 것이다.

따라 쓰기

enjoy the little things, for one day you may look back and realize they were the big things

일상은 결국 소소한 일의 반복입니다.
사람은 일상을 벗어나 특별한 삶을 꿈꾸나 어떤 경우에도 일상을 벗어날 수 없습니다.
일상의 의미를 깨닫고 소중히 여길 때 삶이 충만합니다.

(8) BD체

Do your work
with your whole
heart, and you
will succeed - there's
so little compitition.
Elbert Hubbard

Do your work with your whole heart, and you will succeed−there's so little competition.

−Elbert Hubbard

온 마음으로 일하면 따라올 자가 없어서 성공할 것이다.

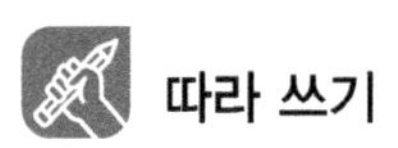

따라 쓰기

Do your work
with your whole
heart, and you
will succeed - there's
so little competition.
Elbert Hubbard

남과 같아서는 성공할 수 없습니다.
언제 어디서 무엇을 하든지 전력투구해야 합니다.
결과에 상관없이 최선을 다하여 일한 과정이 성공입니다.
인생은 과정이지 결과가 아닙니다.

(9) CA체

The secret of joy
in work is contained
in one word - excellence.
To know how to do
something well is to
enjoy it. // Pearl S. Buck

The secret of joy in work is contained in one word−excellence.

To know how to do something well is to enjoy it.

−Pearl S. Buck

일을 즐기는 비결은 '탁월성' 이 한 마디에 담겨 있다.

무엇이든 잘하는 방법에 정통할 때 일을 즐길 수 있다.

따라 쓰기

The secret of joy in work is contained in one word - excellence. To know how to do something well is to enjoy it. // Pearl S. Buck

---

돈만을 생각하고 하는 일은 즐겁지 않습니다.
일은 삶의 수단이 아니라 목적이어야 합니다.
탁월한 일꾼은 일을 즐기고 배우는 사람입니다.
일을 소중히 여기고 최선을 다하는 사람을 대적할 사람은 아무도 없습니다.

(10) CB체

It is a thousand
times better to have
common sense without
education than to have
education without common
sense. // Robert Green Ingersoll

It is a thousand times better to have common sense without education than to have education without common sense.

—Robert Green Ingersoll

상식 없는 교육보다 교육 없는 상식이 말할 수 없이 월등하다.

따라 쓰기

It is a thousand times better to have common sense without education than to have education without common sense. // Robert Green Ingersoll

독단적이고 편협적인 교육은 개인과 사회에 해가 됩니다.
상식은 보편적이고 공통적이며 동시에 합리적입니다.
상식에 기초하여 살아갈 때 사회 속에서 다른 이들과 조화롭게 살 수 있습니다.

(11) CC체

We could never
learn to be brave
and patient if there
were only joy in
the world.
Helen Keller

We could never learn to be brave and patient if there were only joy in the world.

−Helen Keller

이 세상이 즐겁기만 하다면 우리는 용기와 인내를 습득할 수 없다.

따라 쓰기

We could never learn to be brave and patient if there were only joy in the world.

Helen Keller

이 세상에서 산다는 것은 고난을 전제로 합니다.
고난은 삶이 무엇인지 깨닫게 하고 사람을 성장시킵니다.
고난을 만났을 때 감사해야 합니다. 발전과 성장의 기회이니까요.

(12) CD체

Patience and
perseverance have the
magical effect before
which difficulties disappear
and obstacles vanish.
John Quincy Adams

Patience and perseverance have the magical effect before which difficulties disappear and obstacles vanish.

—John Quincy Adams

참을성과 인내심은 신비한 효력이 있으며 그것들 앞에서는 어려움과 장애물은 소멸한다.

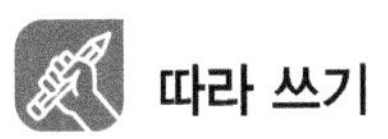

따라 쓰기

Patience and perseverance have the magical effect before which difficulties disppear and obstacles vanish.

John Quincy Adams

참을성과 인내심은 시간을 견디어 내는 힘입니다.
세월을 이기는 장사는 없으며 시간은 이 세상에서 만나는 하나님입니다.
힘들고 어려울 때 묵묵히 시간을 견디면 시간의 위대함에 고개를 숙이게 됩니다.

(13) DA체

Thought is the
blossom; language the
bud; action the
fruit behind it.
Ralph Waldo Emerson

Thought is the blossom; language the bud; action the fruit behind it.

—Ralph Waldo Emerson

숙고는 꽃입니다. 언어는 새싹이고 행위는 숙고의 과실입니다.

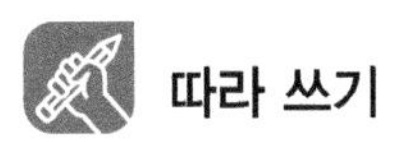

따라 쓰기

Thought is the blossom; language the bud; action the fruit behind it.

Ralph Waldo Emerson

상상은 눈에 보이지 않는 것의 실체입니다.
세상에 보이는 만물은 상상의 결과입니다.
상상이 씨앗이고 세상은 열매입니다.
긍정적인 생각은 긍정적인 삶의 열매를 맺습니다.

(14) DB체

The secret of genius is to carry the spirit of the child into old age, which means never losing your enthusiasm. // Aldous Huxley

The secret of genius is to carry the spirit of the child into old age, which means never losing your enthusiasm.

—Aldous Huxley

천재이기 위한 비법은 어린아이 때 가진 열의를 평생 불태우는 것이다.

인간은 천재성이 있습니다. 천재성을 여는 열쇠는 열의입니다.
그 무엇도 열의를 가로막을 수 없습니다. 열의를 가지고 인고하는 시간은 행복합니다.
이것이 성공한 삶입니다.

(15) DC체

The philosophy of
one century is
common sense of
the next.
Henry Ward Beecher

The philosophy of one century is the common sense of the next.

—Henry Ward Beecher

한 세기의 철학이 다음 세기에는 상식이 될 수도 있다.

따라 쓰기

The philosophy of one century is common sense of the next.

Henry Ward Beecher

사람은 변합니다. 사람이 변하면 세상도 변합니다.
변화하는 세상을 앞서가려면 먼저 변화해야 하고 이를 위하여 도전해야 합니다.
매일 도전하고 변화해야 합니다.

(16) DD체

Know how to
listen and you
will profit even
from those who
talk badly.
Plutarch

Know how to listen and you will profit even from those who talk badly.

-Plutarch

어떻게 잘 들을 수 있는지를 알면 말하는데 익숙하지 못한 사람에게서도 얻는 바가 있다.

따라 쓰기

Know how to listen and you will profit even from those who talk badly.

Plutarch

배움은 들음으로부터 시작합니다. 할 말이 많을수록 들어야 합니다.
상대방의 말을 진지하게 공감하며 들을 때 상대방에게 가장 많이 말을 할 때입니다.
들을 때 이해와 소통이 따라옵니다.

05.
아름다운 물결체 기본 64체

1) 아름다운 물결체 기본 16체에서 아름다운 물결체 기본 64체로 확장

아름다운 물결체 기본 16체는 머리달, 꼬리달 모두 수평. 즉, 수평체입니다.

이 수평체에서, 머리달의 경우 수평아래에서 첫달을 끌어올리는 형을 구성합니다.

초승달이든 그믐달이든 시작점은 전단어의 꼬리달이 시작하는 점으로 하며 경사도는 15°에서 45° 사이 정도로 합니다.

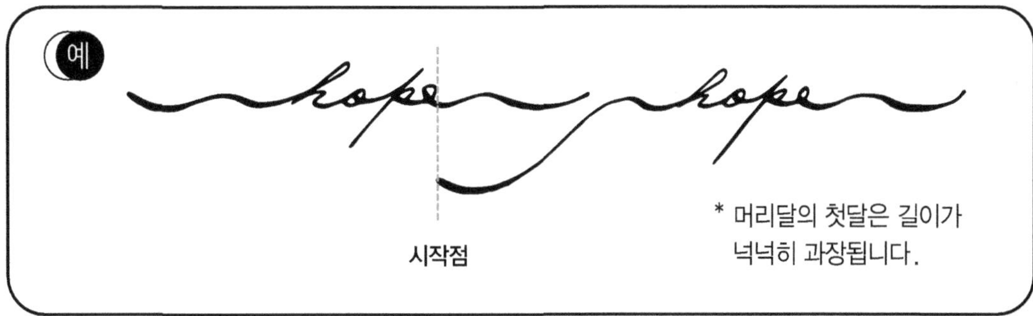

두 번째 위치 변화는 꼬리달을 (마지막달) 수평에서 위로 경사를 두어 끌어올리는 것입니다.

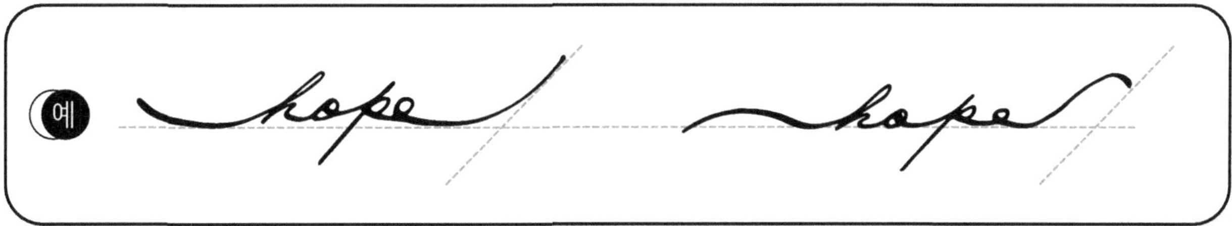

경사도는 15°에서 45° 정도가 좋습니다. 꼬리달 중 올라가는 마지막달의 길이를 충분히 과장합니다. 이제 머리달과 꼬리달이 수평인 1번체, 머리달이 수평이고 꼬리달이 올라가는 2번체 가 구성되며,

머리달이 수평아래에서 수평으로 올라오고, 꼬리달은 수평인 3번체와 머리달이 수평아래에서 올라오고, 동시에 꼬리달은 수평에서 위로 올라가는 4번체가 구성됩니다.

이를 기초로 아름다운 물결체 기본 16체는 4배로 아름다운 물결체 기본 64체로 확장됩니다.

즉, 머리달이 수평형이고, 꼬리달이 수평형인 체는 1번체 입니다.

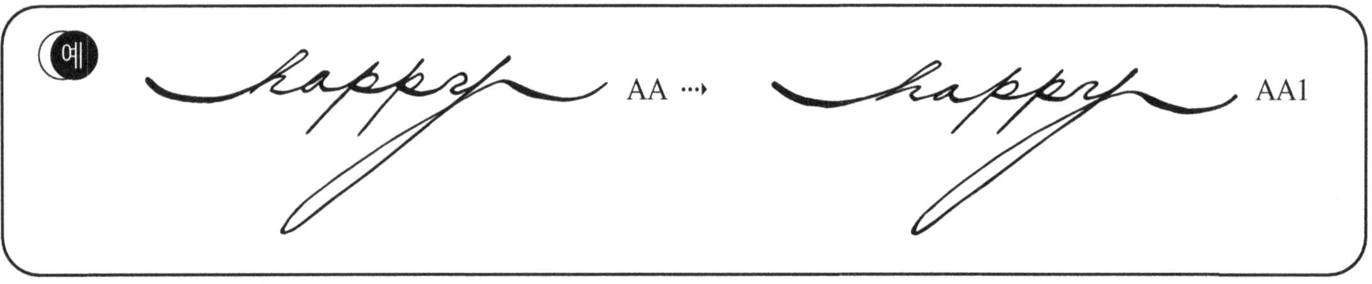

머리달이 수평형이고, 꼬리달이 수평에서 위로 올라가는 형인 체는 2번체 입니다.

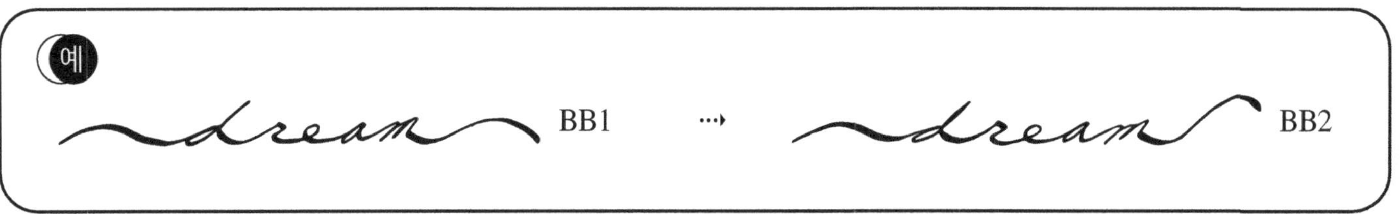

머리달이 수평 아래에서 수평으로 올라오는 경사 형이고, 꼬리달이 수평인 형인 체는 3번체 입니다.

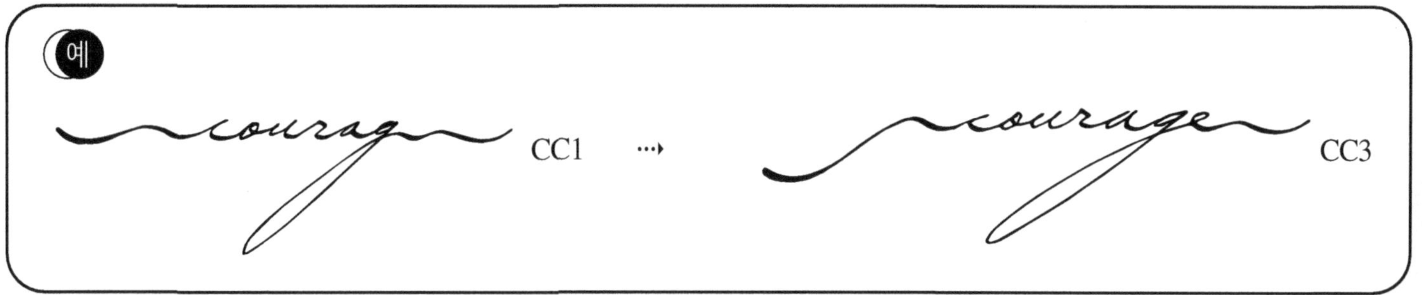

머리달이 수평 아래에서 수평으로 올라오는 경사형이고, 꼬리달이 수평 위로 올라가는 형인 체가 4번째 입니다.

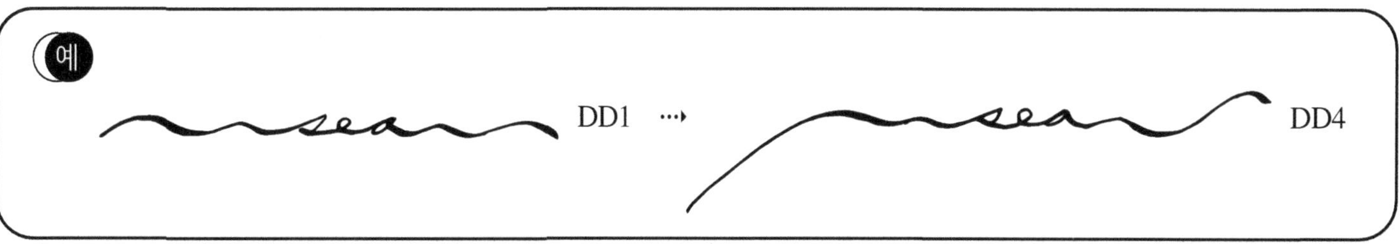

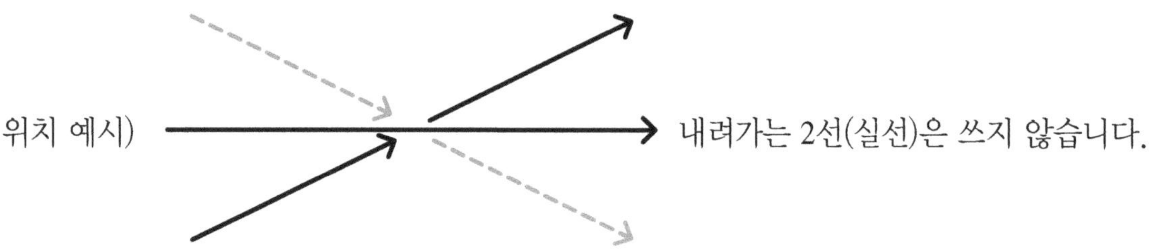
위치 예시)
내려가는 2선(실선)은 쓰지 않습니다.

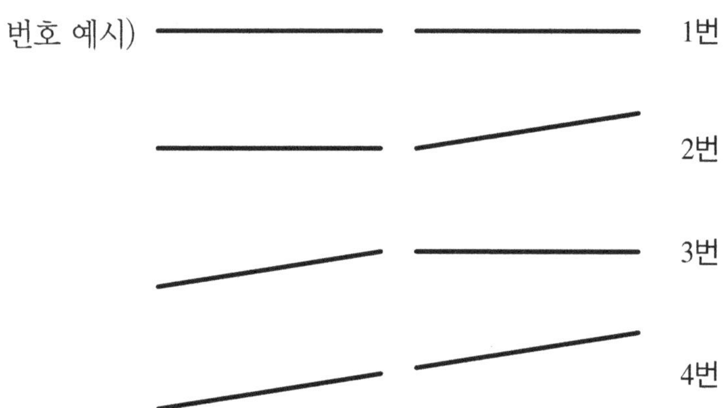
번호 예시)
1번
2번
3번
4번

2) 아름다운 물결체 기본 64체 예시

(1) 머리달이 A형일 때

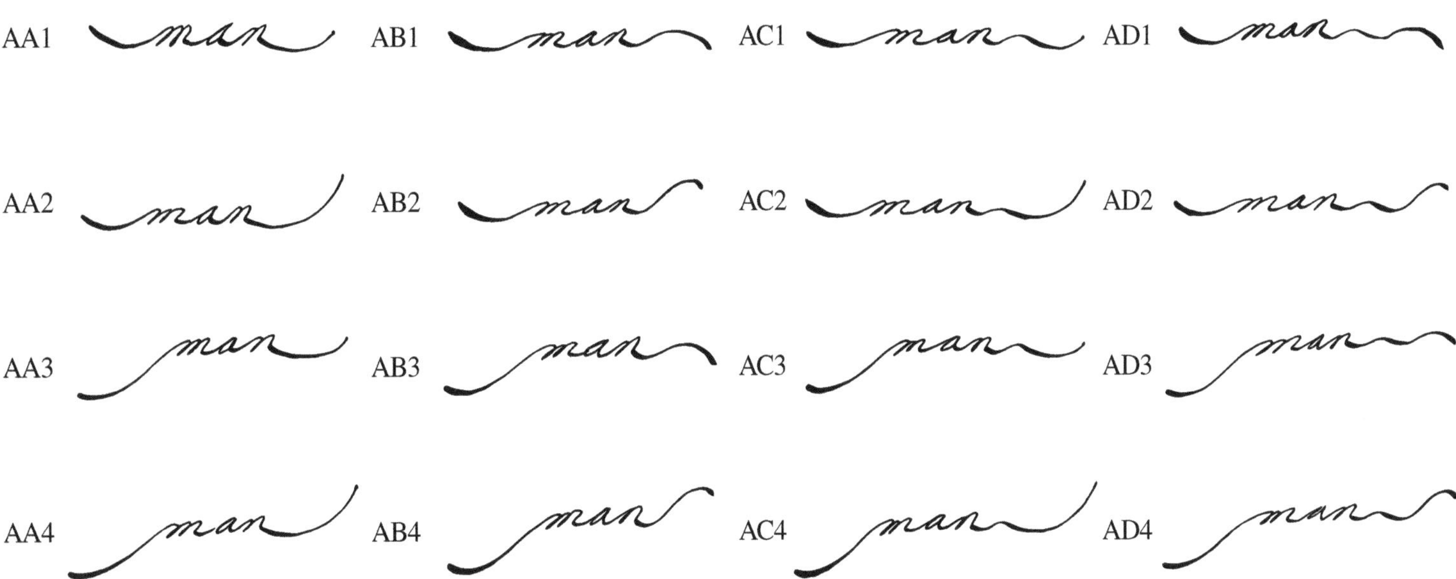

(2) 머리달이 B형일 때

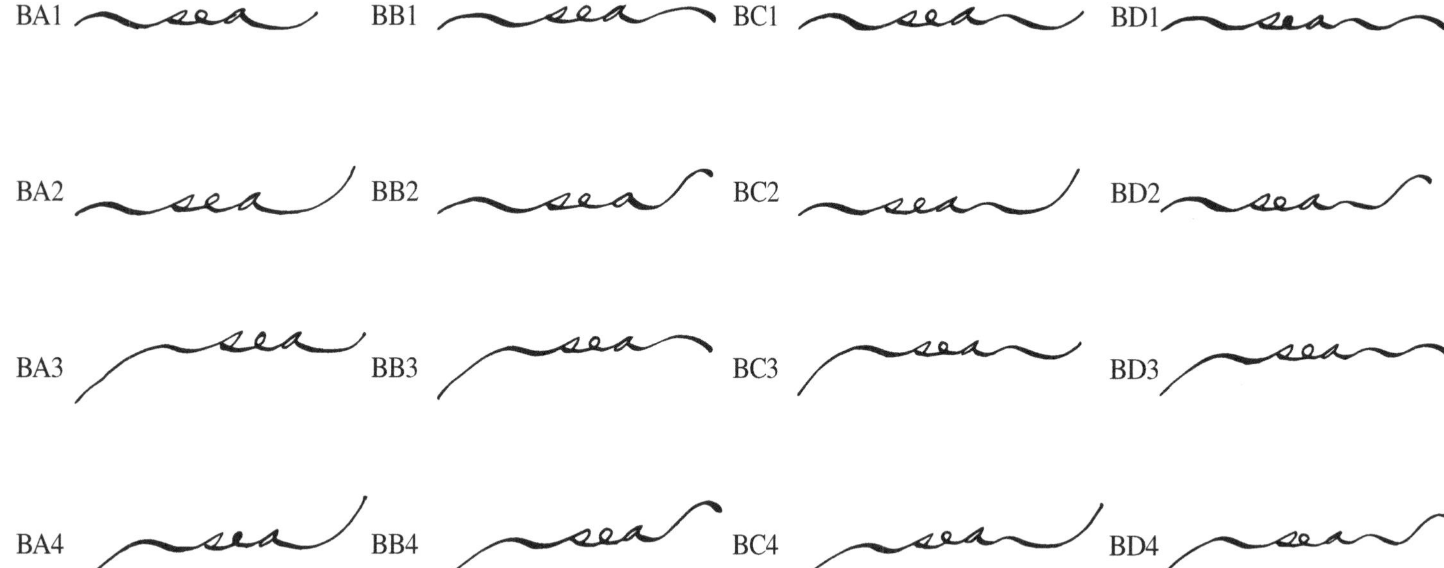

(3) 머리달이 C형일 때

CA1 hope	CB1 hope	CC1 hope	CD1 hope
CA2 hope	CB2 hope	CC2 hope	CD2 hope
CA3 hope	CB3 hope	CC3 hope	CD3 hope
CA4 hope	CB4 hope	CC4 hope	CD4 hope

(4) 머리달이 D형일 때

DA1 love DB1 love DC1 love DD1 love

DA2 love DB2 love DC2 love DD2 love

DA3 love DB3 love DC3 love DD3 love

DA4 love DB4 love DC4 love DD4 love

3) 아름다운 물결체 기본 64체 예문

(1) AA체

Success follows doing
what you want to do.
There is no other way
to be successful.
Malcolm Forbes

Success follows doing what you want to. There is no other way to be successful.

—Malcolm Forbes

당신이 원하는 것을 할 때 성공이 온다. 성공에 이르는 다른 길은 없다.

따라 쓰기

Success follows doing what you want to do. There is no other way to be successful.

Malcolm Forbes

성공은 대단하지 않습니다.
하고 싶은 것을 하고 성공을 믿으면 성공한 사람입니다.
성공은 다른 사람이 재단할 수 없습니다. 성공은 주관적입니다.

(2) AA2체

The pessimist sees
difficulty in every
opportunity. The optimist
sees opportunity in
every difficulty.
Winston Churchill

The pessimist sees difficulty in every opportunity. The optimist sees opportunity in every difficulty.

−Winston Churchill

염세주의자는 온갖 기회에서 어려움을 본다. 낙천주의자는 온갖 어려움에서 좋은 기회를 본다.

따라 쓰기

The pessimist sees difficulty in every opportunity. The optimist sees opportunity in every difficulty.

Winston Churchill

만물에 대한 관점은 긍정적이거나 부정적입니다.
관점은 선택이고 사람은 선택의 자유가 있습니다.
긍정적인 관점을 선택해야 합니다.
긍정적 사고는 긍정적 결과를 낳고 부정적 사고는 부정적 결과를 낳습니다.

(3) AA3체

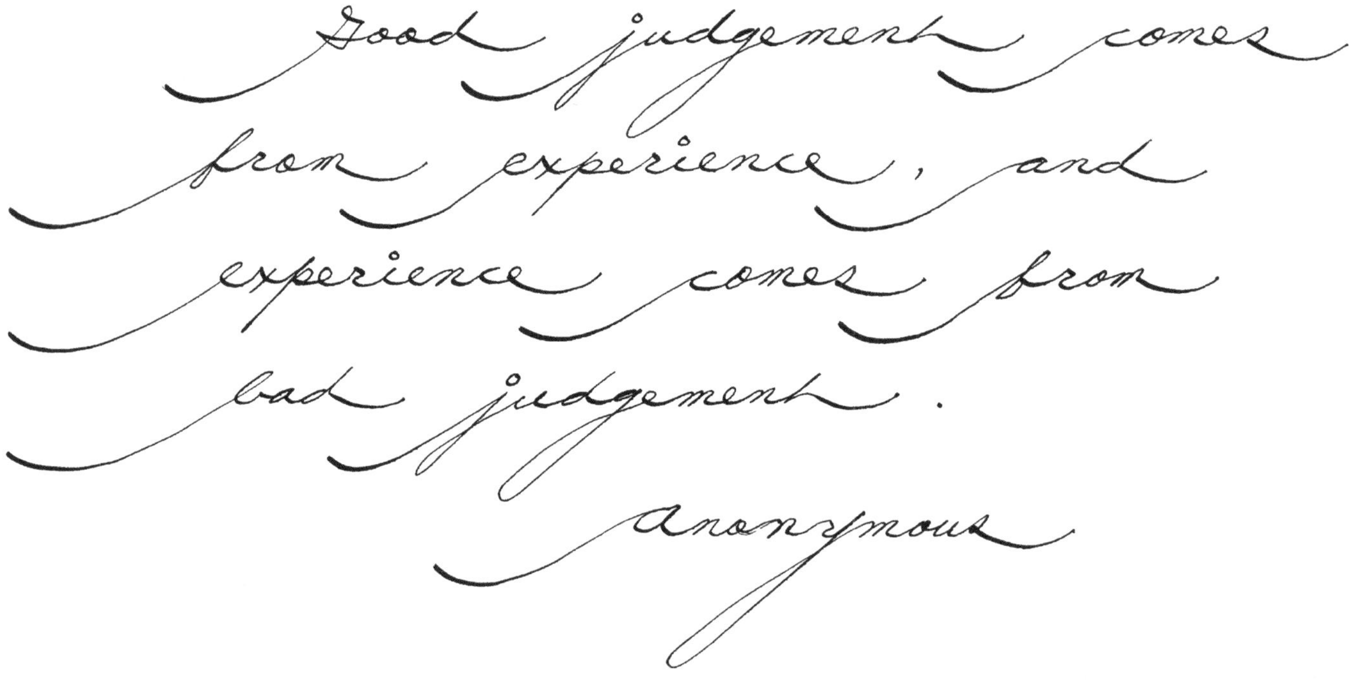

Good judgement comes from experience, and experience comes from bad judgement.

−Anonymous

좋은 판단은 경험으로부터 오고 경험은 나쁜 판단에서 온다.

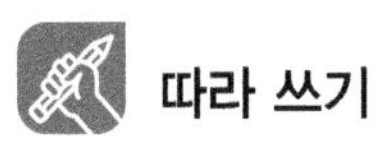

따라 쓰기

Good judgement comes from experience, and experience comes from bad judgement.

Anonymous

인간은 완전하지 않습니다. 사람의 판단은 정확하지 않습니다.
그릇된 판단의 경험이 현명한 판단의 토양이 됩니다.
삶은 판단의 연속입니다. 그릇된 판단의 경험을 통해 반성하고 배울 때 성장합니다.

(4) AA4체

People don't care
how much you know,
until they know
how much you care.
Anonymous

People don't care how much you know, until they know how much you care.

–Anonymous

사람들은 당신이 얼마만큼 남을 돌보는 가를 알기 전까지는 당신이 얼마나 유식한지에 관해서는 관심이 없다.

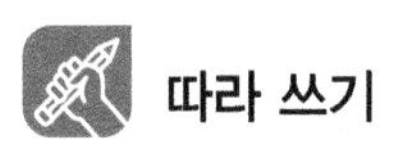

따라 쓰기

people don't care
how much you know,
until they know
how much you care.
anonymous

자연 속에 사는 동물은 생존을 위하여 본능적으로 자신을 돌보고 보호하는 데 집중합니다.
사람은 사회 속에서 살고 있습니다. 남을 먼저 배려하고 돌볼 때 우리가 배려와 돌봄을 받게 됩니다. 사람은 동물이 아닙니다.

(5) AB1체

Perhaps the worst

sin in life is

knowing right and

not doing it.

Martin Luther King. Jr

Perhaps the worst sin in life is Knowing right and not doing it.

−Martin Luther King, Jr.

아마도 삶 속에서 가장 나쁜 죄는 바름을 알면서도 실행하지 않음이다.

따라 쓰기

Perhaps the worst sin in life is knowing right and not doing it.

Martin Luther King. Jr

옳고 그름을 알아도 옳음을 실천하기 쉽지 않습니다.
두리뭉실 사는 것이 편하기 때문입니다.
어떻게 살 것인가는 개인의 선택과 의지입니다.
양심으로부터 오는 용기를 갖고 옳음을 실천하면 평안합니다.

(6) AB2체

You can make more friends with your ears than your mouth.

Anonymous

You can make more friends with your ears than your mouth.

−Anonymous

말을 많이 하지 않고 많이 들음으로써 더 많은 친구를 사귈 수 있다.

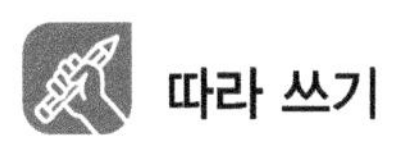

따라 쓰기

You can make more friends with your ears than your mouth.

Anonymous

사람은 잘 발달 된 언어를 가지고 있습니다.
언어는 소통의 도구여서 들어 주는 사람이 있을 때 말을 하는 것은 인간에게는 큰 즐거움입니다.
우리가 들을 때에 친구가 많아집니다. 들음이 말함입니다.

(7) AB3체

There isn't a person anywhere that isn't capable of doing more than he thinks he can.
Henry Ford

There isn't a person anywhere that isn't capable of doing more than he thinks he can.

—Henry Ford

자기가 할 수 있다고 생각하는 그 무언가 보다도 더 할 수 없는 사람은 어느 곳에도 없다.

따라 쓰기

There isn't a person anywhere that isn't capable of doing more than he thinks he can.

Henry Ford

사람의 능력은 무한합니다. 능력의 발휘는 생각에 달려 있습니다.
믿음은 산과 바다를 움직이고 평안을 불러옵니다. 믿음은 인간이 영원으로 가는 길입니다.
자신을 믿고 세상을 믿고 당당히 살아야 합니다.

(8) AB4체

We can accomplish
great things if we don't
worry about who gets
the credit.

Anonymous

We can accomplish great things if we don’t worry about who gets the credit.

—Anonymous

만약 우리는 누가 공적을 차지할 것인가를 초조해하지 않는다면 큰 업적을 성취할 수 있다.

따라 쓰기

We can accomplish great things if we don't worry about who gets the credit.

Anonymous

일을 완수하고 공적을 다투는 것은 인간 사회의 자연스러운 모습입니다.
전심전력으로 일하고 공적에 초연할 때 이룬 일이 진정한 의미를 가지게 됩니다.
모든 사람은 누가 일을 이루었는지 다 아니까요! 때가 되면 합당한 상급이 어딘가에서 옵니다.

(9) AC1체

Do not let what
you cannot do
interfere with what
you can do.
John Wooden

Do not let what you cannot do interfere with what you can do.

—John Wooden

당신이 못하는 것이 당신이 할 수 있는 것을 훼방하게 두지 마라.

따라 쓰기

Do not let what you cannot do interfere with what you can do.

John Wooden

인간은 정신과 육신이 같이 있어서 한계가 있습니다.
잘하는 것과 잘하지 못하는 것이 있습니다.
다 같은 사람이지만 다 다르니까요.
모든 것을 다 잘할 수는 없다는 것을 인정하고 잘하는 것에 집중하고 최선을 다하면 성공이 찾아옵니다.

If you think
you can, or you
think you can't,
you're right!
Henry Ford

If you think you can, or you think you can't, you're right!

—Henry Ford

당신이 할 수 있다고 믿으면 할 수 있고 당신이 할 수 없다고 믿으면 할 수 없다.

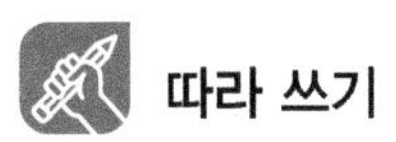

따라 쓰기

If you think you can, or you think you can't, you're right!

Henry Ford

믿으면 할 수 있고 믿지 못하면 아무것도 할 수 없습니다.
믿음은 보이지 않는 것의 실상입니다. 믿고 상상하면 그대로 현실에서 꽃을 피웁니다.
그 사람의 생각이 곧 그 사람입니다. 믿음이 사람입니다.

(11) AC3체

Respect is something
you have to earn
not something you get
because you are in
charge.

Anonymous

Respect is something you have to earn not something you get because you are in charge.

—Anonymous

존경은 획득함으로 오지 지위로부터 오지 않는다.

따라 쓰기

누구나 존경과 존중을 받기 원합니다.

사람은 지위를 가진 사람에 게 순응하지만 그것은 지위에 대한 권위의 인정이지 사람에 대한것은 아닙니다. 남을 배려하고 존중하고 존경할 때 진정한 마음에 에서 우러나는 진정한 존경과 존중을 받을 수 있습니다. 남을 존중하는 것이 나를 존중하는 것입니다.

(12) AC4체

We make progress if, and only if, we are prepared to learn from our mistakes.

—Karl R. Popper

실수로부터 배울 준비가 되어 있다면 오직 그러할 때 우리는 앞으로 나아갈 수 있다.

따라 쓰기

We make progress if, and only if, we are prepared to learn from our mistakes.

Karl R. Popper

삶은 실수의 연속이라고 할 수 있습니다. 실수는 피할 수 없습니다.
실수에서 배울 때 실수는 성장과 진보의 원동력입니다.
실수를 두려워하지 말고 담대히 도전해야 합니다.
실수하는 것은 부끄러운 일이 아닙니다. 실수 없는 삶이 부끄러운 삶입니다.

(13) AD1체

Sometimes things can
go right only
by first going
very wrong
Edward Tenner

Sometimes things can go right only by first going very wrong.

−Edward Tenner

처음에 일이 잘 안되는 경우 때때로 오히려 나중에 일이 잘될 수 있다.

따라 쓰기

Sometimes things can go right only by first going very wrong.

Edward Jenner

사람은 미래를 예견하지만 잘 맞지 않습니다.
심지어 자연과학 분야의 과학적 예견도 잘 맞지 않습니다.
미래를 창조하는 희망이 불 확실한 미래에 대한 가장 강력하고 정확한 예견입니다.
희망이 미래를 정복합니다. 희망이 미래입니다.

(14) AD2체

The best way to change the world is to change yourself.

Anonymous

The best way to change the world is to change yourself.

—Anonymous

세상을 변화시키는 가장 좋은 방법은 당신 자신이 변하는 것이다.

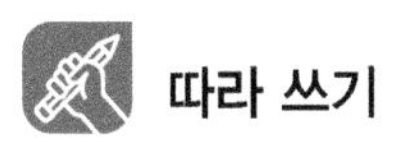

따라 쓰기

The best way to change the world is to change yourself.

Anonymous

만고 이래로 세상은 그대로입니다.
세상이 좋은지 나쁜지는 세상을 보는 관점에 달려 있습니다.
세상을 희망 적으로 보면 한없이 희망적이고 절망적으로 보면 세상은 살 곳이 못 됩니다.
생각을 바꾸면 세상은 살 만한 곳입니다.

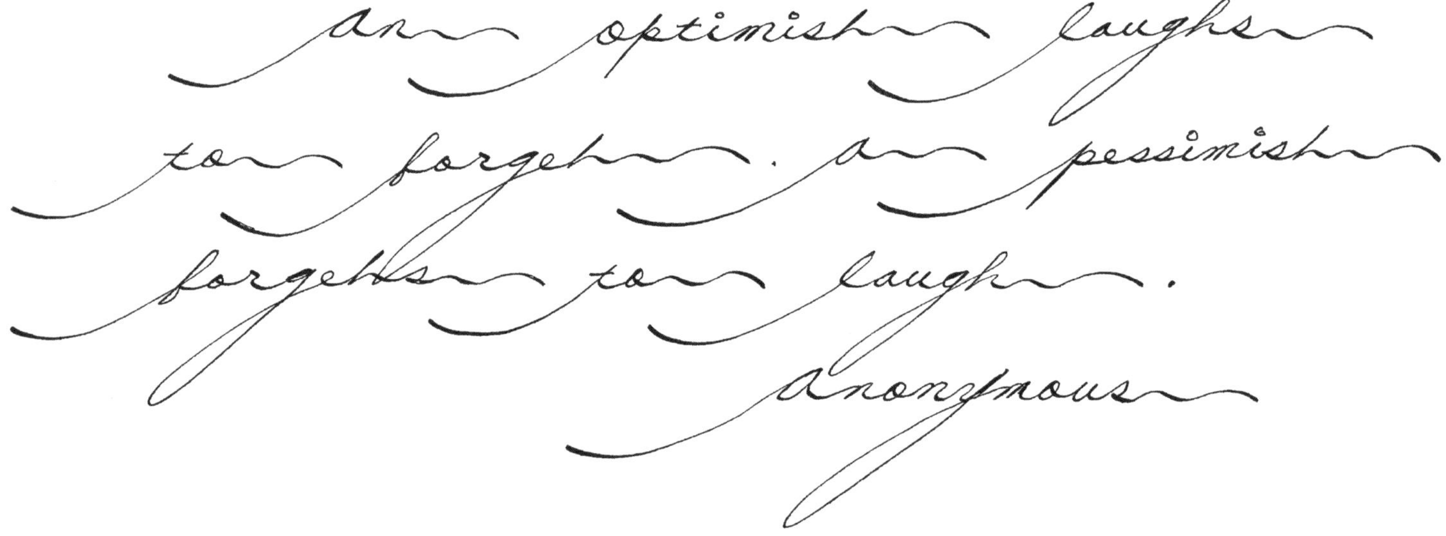

An optimist laughs to forget. A pessimist forgets to laugh.

—Anonymous

낙관론자는 웃으며 잊습니다. 비관론자는 웃는 것을 잊습니다.

An optimist laughs to forget. A pessimist forgets to laugh.

Anonymous

낙관론자는 미래를 봅니다. 한바탕 웃어 버리고 의식적으로 잊으려 합니다.
비관론자는 과거에 잡혀서 회한과 후회로 웃을 수가 없습니다.
낙관론자냐 비관론자냐는 오직 자기 자신의 결정에 달려 있습니다.

(16) AD4체

People rarely succeed unless they have fun in what they are doing.

−Dale Carnegie

사람은 자신이 하는 일을 재미있어하지 않으면 성공하지 못한다.

따라 쓰기

People rarely succeed unless they have fun in what they are doing.

Dale Carnegie

전문화된 사회에서 원하는 직업을 갖기란 쉽지 않습니다.
하는 일에 관심을 쏟고 열심히 일하면 일이 재미있고 일을 좋아하게 됩니다.
의식이 무의식의 주인입니다.

(17) BA1체

anyone who has
never made a mistake
has never tried
anything new.
Albert Einstein

Anyone who has never made a mistake has never tried anything new.

−Albert Einstein

단 한 번의 실수도 없는 사람은 단 한 번도 새로운 무언가를 시도해 본 일이 없는 사람이다.

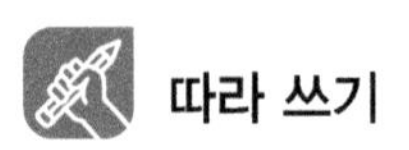

따라 쓰기

Anyone who has never made a mistake has never tried anything new.

Albert Einstein

변화를 두려워하면 도전할 수 없고 아무 일도 일어나지 않습니다.
도전과 변화는 실패까지 동반할 수 있지만 이를 통하여 경험하고 성장하고 성공에 이를 수 있습니다.
두려울수록 시도해야 합니다. 시도하면 두려움이 사라집니다.

(18) BA2체

Life is very short. And there's no time for fussing and fighting, my friends.

—The Beatles

여러분이여, 삶은 매우 짧아서 야단법석을 떨거나 다툴 여유가 없다.

따라 쓰기

Life is very short, and there's no time for fussing and fighting, my friends!

The Beatles

시간은 영속합니다.
인간은 유한하여 삶을 짧게 느끼는 것 같습니다.
삶에 여유가 없으면 더욱 짧게 느껴지겠지요.
바쁜 일상에 몰입하고 조용히 마음의 여유를 가지면 삶이 넉넉히 느껴집니다.

(19) BA3체

Think like a man of action, act like a man of thought.
Henri Bergson

Think like a man of action, act like a man of thought.

—Henri Bergson

활동가처럼 사색하고 사색가처럼 활동하라.

따라 쓰기

Think like a man of action, act like a man of thought.

Henri Bergson

활동은 물리적이고 동적으로 사색은 정신적이고 정적으로 여겨집니다.
이런 고정된 관념에서 벗어나 사색적인 활동가 같은 사색가가 되어야 합니다.
고정관념에서 벗어나면 창의적이고 여유로운 세상이 기다리고 있습니다.

(20) BA4체

You will never
find time for
anything. If you
want time, you
must make it.
Charles Buxton

You will never find time for anything. If you want time you must make it.

—Charles Buxton

당신이 무언가를 위해서 시간을 원한다면 시간을 할애해야 한다.
왜냐하면 당신은 결코 그 시간을 우연히 발견할 수는 없기 때문이다.

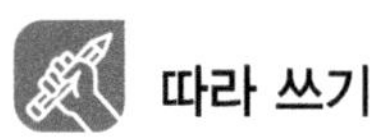
따라 쓰기

You will never find time for anything. If you want time, you must make it.

Charles Buxton

많은 현대인의 일상은 일 공부 여가 등 하고 싶은 일도 많습니다.

시간 계획을 수립하고 의지를 갖고 시간을 할애할 때 무엇인가를 할 수 있는 시간을 확보할 수 있습니다.

(21) BB1체

Conformity is the
jailer of freedom
and the enemy
of growth.
John F. Kennedy

Conformity is the jailer of freedom and the enemy of growth.

—John F. Kennedy

굴종은 자유를 억압하는 교도관이고 발전의 적이다.

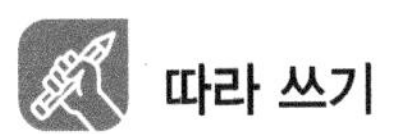

따라 쓰기

Conformity is the
jailer of freedom
and the enemy
of growth.

John F. Kennedy

과거 권위적이고 수직적인 사회에서는 복종이 미덕이었지만 세상은 변했습니다.
이제 수평적인 사회입니다. 서로를 존중하고 더불어 살 때 사회는 발전하고 모두 행복합니다.

(22) BB2체

Every man's life
is a fairy tale
written by God's
finger.

Hans Andersen

Every man's life is a fairy tale written by God's finger.

—Hans Andersen

한 사람 한 사람의 삶은 하나님이 쓴 동화이다.

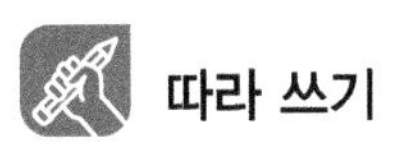

따라 쓰기

Every man's life is a fairy tale written by God's finger!

Hans Andersen

사람은 유전도 극복합니다.

거지도 왕이 됩니다. 기적을 기대할 때 기적이 일어납니다.

동화는 옛날이야기가 아니라 지금도 꿈을 품고 실천하면 동화는 현실이 됩니다.

삶은 기적의 동화입니다.

(23) BB3체

You can't help
getting older, but
you don't have to
get old.
George Burns

You can't help getting older, but you don't have to get old.

—George Burns

늙는 것은 막을 수 없어도 노인이 될 필요는 없다.

따라 쓰기

You can't help getting older, but you don't have to get old.

George Burns

육체가 노화하는 것은 자연의 순리입니다. 정신은 늙지 않습니다.
끊임없이 일하고 공부하고 사색함으로써 정신은 청년이 됩니다.
육체는 쇠하나 정신은 매일매일 새롭습니다.
사람은 정신이고 정신은 영원합니다.

(24) BB4체

I am not
discouraged, because every
wrong attempt discarded
is another step forward.
Thomas Edison

I am not discouraged, because every wrong attempt discarded is another step forward.

−Thomas Edison

나는 낙담하지 않는다. 모든 실수는 앞을 향한 또 하나의 발자국이기 때문이다.

따라 쓰기

I am not discouraged, because every wrong attempt discarded is another step forward.

Thomas Edison

잘못이나 실패는 사람을 낙담시키고 앞으로 나아가는 발목을 잡습니다.
이 사실을 받아들이고 시간과 여유를 가지면 다시 활력이 솟아납니다.
쓰러지면 일어날 차례입니다.
삶은 파동 같아서 위에 이르면 바닥으로 내려가고 바닥을 치면 다시 오르는 과정의 연속입니다.

(25) BC1체

Experience is the best of schoolmasters, only the school fees are heavy.
Thomas Carlyle

Experience is the best of schoolmasters, only the school fees are heavy.

—Thomas Carlyle

체험은 가장 훌륭한 선생이지만 대가가 매우 혹독하다.

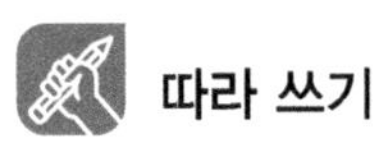

따라 쓰기

Experience is the best of schoolmasters, only the school fees are heavy.

Thomas Carlyle

경험의 대가가 혹독하다고 경험을 피해서는 안 됩니다.

경험은 위대한 선생입니다. 경험을 두려워하지 말고 경험에서 배워야 합니다.

동시에 사람과 세상이 변하기 때문에 경험에 집착하지 말고 새로운 물결을 수용하고 변화해야 합니다.

(26) BC2체

He who believes is strong; he who doubts is weak. Strong convictions precede great actions.

James Freeman Clark

He who believes is strong: he who doubts is weak. Strong convictions precede great action.

–James Freeman Clark

믿는 사람은 강력하고 의혹을 가진 사람은 약하다. 강력한 신념은 훌륭한 행동보다도 앞선다.

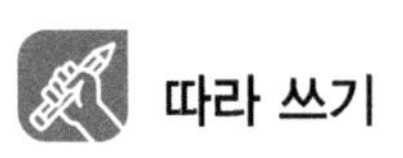

따라 쓰기

He who believes is strong; he who doubts is weak. Strong convictions precede great actions.

James Freeman Clark

믿음은 신념입니다.
육안로 볼 수 없는 것도 믿으면 마음의 눈으로 볼 수 있으며 의심이 사라지고 확신이 옵니다.
믿고 행하면 반드시 이루어집니다.

(27) BC3체

all our dreams
can come true -
if we have the
courage to pursue
them.

Walt Disney

All our dreams can come true−if we have the courage to pursue them.

−Walt Disney

모든 꿈은 이루고자 하는 담력을 가지고 있으면 실현할 수 있다.

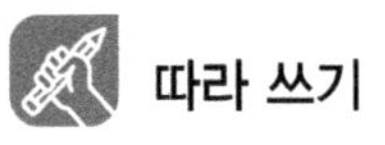

따라 쓰기

All your dreams
can come true
if we have the
courage to pursue
them.

Walt Disney

훌륭한 꿈도 실천하지 않으면 쓸모가 없습니다.
실천은 용기로부터 용기는 믿음으로부터 옵니다.
꿈을 품고 계획을 세우고 용기를 내어 꾸준히 실천하는 그동안이 바로 꿈이 실현된 실제입니다.

(28) BC4체

Our greatest glory
consists not in
never falling, but
in rising every
time we fall.
Oliver Goldsmith

Our greatest glory consists not in never falling, but in rising every time we fall.

—Oliver Goldsmith

우리의 가장 위대한 영화는 절대 넘어지지 않는 것이 아니라 넘어질 때마다 다시 일어서는 데 있다.

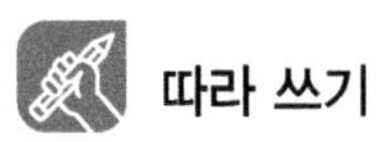

따라 쓰기

Our greatest glory consists not in never falling, but in rising every time we fall.

Oliver Goldsmith

사람은 영화를 누리기를 원합니다. 그러나 영화로운 삶이 계속되는 경우는 거의 없습니다.
늘 역경과 고난이 몰려오고 넘어집니다.
희망을 갖고 계속 일어나는 것이 영화로운 삶입니다.

(29) BD1체

The strongest man
on the earth is
the one who stands
most alone.
Henrik Ibsen

The strongest man on the earth is the one who stands most alone.

—Henrik Ibsen

이 땅에서 제일 강력한 사람은 혈혈단신으로 서는 사람이다.

The strongest man on the earth is the one who stands most alone.

Henrik Ibsen

사람은 사회생활을 하지만 본디 혼자이고 고독합니다.
태어날 때도 생을 마감할 때도 혼자입니다.
살아 있어 고독을 느낄 수 있으니 고독은 살아 있음의 증거입니다.
사랑과 희생 앞에서 고독은 숨어버립니다.

(30) BD2체

Life is an
exciting business and
most exciting when it
is lived for others.
Helen Keller

Life is an exciting business and most exciting when it is lived for others.

—Helen Keller

삶은 재미있는 일이고 다른 이들을 위하여 살 때 최고로 재미있다.

따라 쓰기

Life is an exciting business and most exciting when it is lived for others.

Helen Keller

사람은 생존을 위해서 본능적으로 자기중심적이고 이기적이지만
신비하게도 자기중심적으로 이기적으로 살면 재미가 없습니다.
남을 배려하고 존중하며 사랑하고 도우며 살면 매우 재미있지요.

(31) BD3체

It is in the moment of decisions that your destiny is shaped. Anthony Robbins

It is in the moment of decisions that your destiny is shaped

—Anthony Robbins

결단하는 그때가 당신의 숙명이 구체화 되는 순간이다.

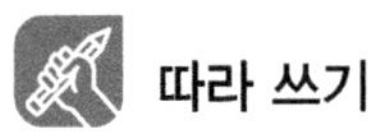

따라 쓰기

It is in the moment of decisions that your destiny is shaped.

Anthony Robbins

삶은 선택의 연속이고 선택을 하고 돌이킬 수 없는 경우도 있습니다.
선택을 인정하고 책임을 지면 선택자 자신 삶의 구현입니다.
선택은 숙명의 단초 입니다. 결단하고 선택하세요. 그리고 후회하지 마세요.

(32) BD4체

Happiness lies in
the joy of achievement
and the thrill of
creative effort.
Franklin Roosevelt

Happiness lies in the joy of achievement and the thrill of creative effort.

—Franklin Roosevelt

행복이란 창의적인 분투와 달성의 즐거움에서 오는 짜릿함에 있다.

따라 쓰기

Happiness lies in the joy of achievement and the thrill of creative effort.

Franklin Roosevelt

일없이 잘 먹고 잘사는 것이 행복이 아닙니다.
파도같이 밀려오는 역경과 고난을 돌파해 갈 때 행복하고 성장합니다.
역경과 고난에 당당히 맞서서 싸우세요. 사람은 고난 속에서 빛납니다.

The only limit to
our realization of
tomorrow will be our
doubts of today.
Franklin Roosevelt

The only limit to our realization of tomorrow will be our doubts of today.

−Franklin Roosevelt

내일을 구현하는 데 한 가지의 제한은 오늘의 불신일 것이다.

따라 쓰기

The only limit to our realization of tomorrow will be our doubts of today.

Franklin Roosevelt

사람은 오늘과 내일을 구분하지만 오늘은 내일을 보여줍니다.
오늘의 희망이 내일의 씨앗입니다. 오늘 의심이 아니라 희망을 심으세요.
오늘의 희망 모두가 내일 싹이 나고 꽃이 필터이니까요.

(34) CA2체

It is much more
difficult to judge
oneself than to judge
others.

Saint Exupery

It is much more difficult to judge oneself than to judge others.

–Saint –Exupery

본인을 평가하는 일이 남을 평가하는 일보다 훨씬 더 곤란하다.

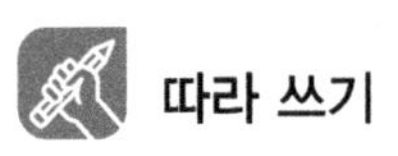

따라 쓰기

It is much more difficult to judge oneself than to judge others.

Saint Exupery

사람은 자기중심적이어서 자신을 객관적으로 판단하기 어렵습니다.
자기가 다른 이보다 우월하다고 평가해야 생존에 유리하다고 믿습니다.
남을 객관적으로 인정하고 나은 점을 찾고 배울 때 성장합니다.
남을 소중히 해야 합니다.

(35) CA3체

Let him that would move the world first move himself.

—Plato

세상을 움직이고자 하는 이에게 먼저 자신을 움직이라 하시오.

따라 쓰기

Let him that would move the world first move himself.

Plato

이 세상 만물은 생각으로부터 비롯됩니다.
세상을 움직이려면 자기 자신의 생각을 움직여야 합니다.
생각을 움직이면 세상이 움직일 수 있습니다.
문제는 자기 자신이지 이 세상이 아닙니다.

(36) CA4체

The more we study the more we discover our ignorance.

—Percy B. Shelley

더 많이 공부하면 할수록 더 많이 무식함을 깨닫게 된다.

따라 쓰기

The more we study the more we discover our ignorance.
Percy B. Shelley

배움은 정신의 세계이고 무한합니다.
배울수록 무식함을 깨닫게 되고 공부에 정진하여 발전하게 됩니다.
유식하고 학문을 완성했다고 생각하면 공부를 게을리하니 퇴보합니다.
배울수록 더 무식하다고 느낀다면 기뻐하세요.

Do not do to
others what angers
you if done to
you by others.
Socrates

Do not do to others what angers you if done to you by others.

−Socrates

남들이 당신을 분노하게 했던 일을 남에게 하지 말라.

Do not do to others what angers you if done to you by others.

Socrates

사람은 자기로 인하여 다른 이들이 분노하고 상처받는 일에 마음을 쓰지 않습니다.
남의 일이니까요. 타인으로 인한 마음의 상처로 마음이 아렸던 때를 생각해보세요.
이런 일을 남에게 행해서는 아니 됩니다. 악은 선으로 갚으세요.

(38) CB2체

Dreams come true.
Without that possibility,
nature would not
incite us to have them.
John Updike

Dreams come true. Without that possibility, nature would not incite us to have them.

—John Updike

꿈은 실현된다. 실현성이 없다면 조물주가 우리에게 꿈을 품게 하지는 않았을 것이다.

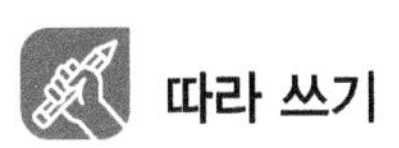

따라 쓰기

Dreams come true.
Without that possibility,
nature would not
incite us to have them.
John Updike

꿈을 가진다는 생각 즉 상상입니다.
꿈은 상상을 실현하기 위하여 꿈을 품은 사람에게 계획을 세우고 실천하게 합니다.
꿈을 품으면 꿈은 정신세계에 존재하는 실재이어서 때가 되면 현실로 꽃 핍니다.
꿈은 하나님의 고귀한 선물입니다.

(39) CB3체

Everything you need to make you happy is inside you.

—Anonymous

당신을 행복하게 만들기 위하여 당신이 필요한 무엇이든지 당신 안에 내재하고 있다.

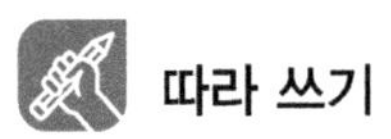

따라 쓰기

물질과 외적 여건이 충족하더라도 반드시 행복한 것은 아닙니다.
행복은 인간의 내적 정신적 충만이어서 의식적으로 행복하다고 믿으면 행복하고 마음에 여유와 평안이 옵니다.
행복하다는 믿음은 자석 같아서 행복이 달라붙습니다.

Love looks not with the eyes, but with the mind.

—William Shakespeare

사랑이란 육안으로 보는 것이 아니고 마음으로 보는 것입니다.

따라 쓰기

Love looks not with the eyes, but with the mind.

William Shakespeare

사랑은 한 사람의 마음이 대상의 마음과 하나가 되어 나를 떠나 나는 없고
너와 나의 새로운 정신세계가 창조되었을 때입니다.
사랑은 마음의 세계이기에 육안으로는 보이지 않고 마음의 눈으로 보고 느낍니다.
마음속에 사는 사랑이 진실한 사랑입니다.

(41) CC1체

Don't quit.
Suffer now and
live the rest of
your life as a
champion.
Muhammad Ali

Don't quit. Suffer now and live the rest of your life as a champion.

—Muhammad Ali

그만두지 마라. 지금 고통을 견디고 남은 삶을 승리자로 살아라.

따라 쓰기

Don't quit.
Suffer now and
live the rest of
your life as a
champion.

Muhammad Ali

'인내는 쓰지만 열매는 달다'라고 합니다.
감이 하늘에서 저절로 떨어지지는 않습니다.
노력과 감내의 시간을 견디어 내야 영광의 시간이 오 는 것이 하늘의 이치입니다.
묵묵히 기다리세요. 당신은 이미 승리자입니다.

(42) CC2체

People with goals
succeed because they
know where they
are going. It's as
simple as that.
Earl Nightingale

People with goals succeed because they know where they are going.
It's as simple as that.

—Earl Nightingale

목적을 가진 사람은 어디를 가는지 알기 때문에 목적을 달성한다. 목적 달성은 참으로 간결하다.

따라 쓰기

People with goals succeed because they know where they are going. It's as simple as that.

Earl Nightingale

도착할 항구가 있는 배의 항해는 간결합니다.
망설임도 우회도 없습니다. 오직 그 항구를 향해 갑니다.
목적지가 없는 배는 망망 대 해를 떠돌 뿐입니다.
명확한 꿈은 실천하면 이루어지게 되어 있기에 이루어진 것입니다. 간결한 일입니다.

(43) CC3체

To truely laugh,
you must be able
to take your pain,
and play with it!
charlie chaplin

To truly laugh, you must be able to take your pain, and play with it!

—Charlie Chaplin

진실로 웃기 위해서는 고생을 감내할 수 있어야 하고 고생을 기꺼이 다룰 수 있어야 한다.

따라 쓰기

To truly laugh, you must be able to take your pain, and play with it!

Charlie Chaplin

웃음은 수동적이지만 사람은 능동적으로도 웃습니다.
고생을 능동적으로 감내하면 진정 스스로 웃을 수 있습니다.
고생을 피하지 말고 당당히 대면하면 고생은 친구이자 진보의 징검다리입니다.
고생과 함께 웃으세요.

(44) CC4체

Only the person who has faith in himself is able to be faithful to others.

−Erich Fromm

자신을 신뢰하는 사람만이 다른 사람을 신뢰할 수 있다.

따라 쓰기

Only the person who has faith in himself is able to be faithful to others.

Erich Fromm

자신에게 신뢰를 갖기 위해서는 사실과 현실을 직시하고 받아들여야합니다.
있는 그대로의 자신을 인정하고 믿는 것이 신뢰입니다.
자신의 신뢰가 다른 이를 신뢰할 수 있는 마음의 토대입니다.
신뢰는 모든 회의와 의심을 몰아내고 삶을 앞으로 견인합니다.

(45) CD1체

Reading is to
the mind what
exercise is to
the body.
Richard Steele

Reading is to the mind what exercise is to the body.

—Richard Steele

독서와 마음의 관계는 운동과 몸의 관계와 같다.

따라 쓰기

Reading is to the mind what exercise is to the body.

Richard Steele

인간은 몸과 정신으로 구성되어 있습니다.
음식과 운동이 육체의 생존에 필수적인 것처럼 독서는 정신의 밥입니다.
독서는 지식과 정보의 간접경험 원천이고 창의적 사고의 기원이며 깨달음의 샘입니다.
독서가 사람이 동물이 아니고 사람 정신적 존재라는 증거입니다.

(46) CD2체

In prosperity our
friends know us,
in adversity we
know our friends.
John Churton Collins

In Prosperity our friends know us, in adversity we know our friends.

—John Churton Collins

번영 속에서 친구들이 모여들고 역경 속에서 우리는 진실한 친구를 알게 된다.

따라 쓰기

In prosperity our friends know us, in adversity we know our friends.

John Churton Collins

번창할 때는 친구가 몰려들지만 역경에 처하면 대부분 친구는 떠나갑니다.
진실한 친구는 달려와 역경을 함께 합니다.
진실한 친구를 찾지 말고 당신이 진실한 친구가 되세요.

(47) CD3체

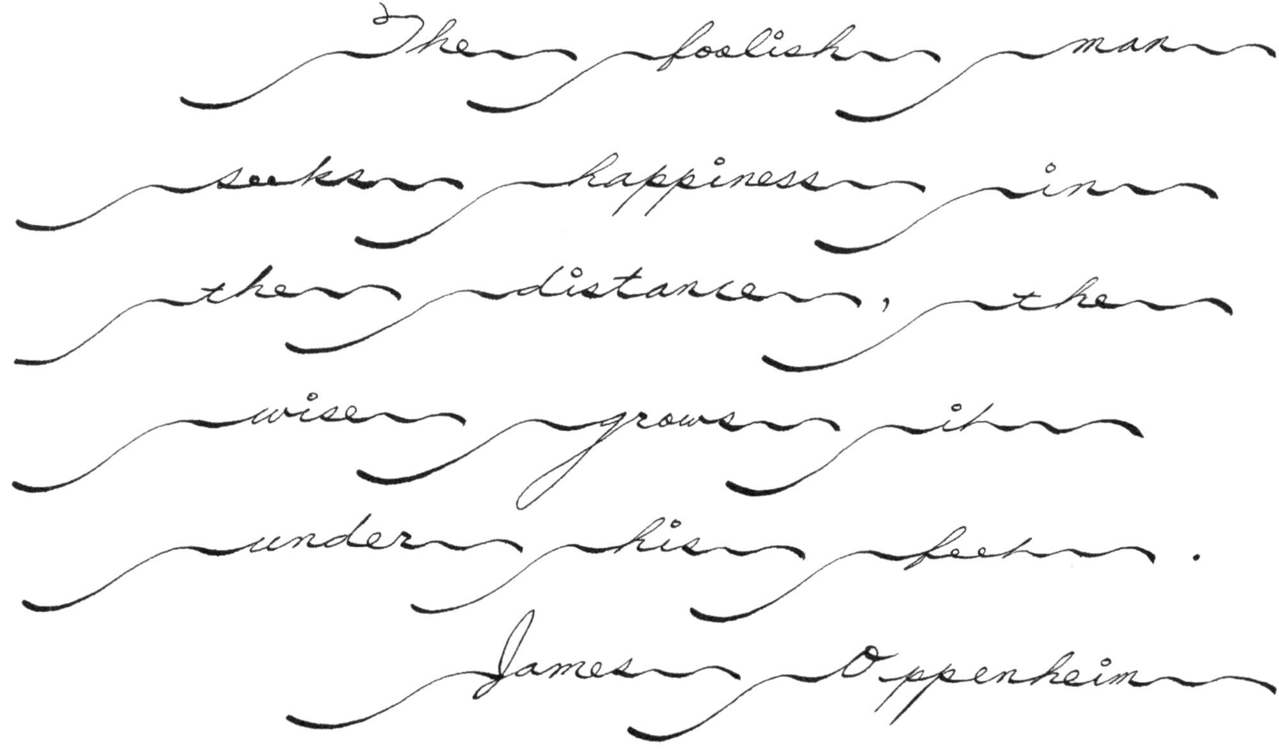

The foolish man seeks happiness in the distance, the wise grows it under his feet.

−James Oppenheim

우둔한 사람은 먼 곳에서 행복을 구하고 지혜로운 사람은 그의 발아래서 행복을 기른다.

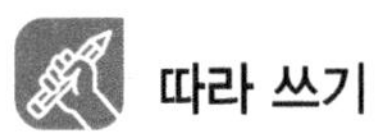

따라 쓰기

The foolish man seeks happiness in the distance, the wise grows it under his feet.

James Oppenheim

누구나 행복한 삶을 추구하지만 행복은 어마어마하다고 생각하기에 행복을 단언하는 사람은 많지 않습니다. 삶은 일상의 반복입니다. 소소한 일상에 가치와 의미를 부여하고 능동적으로 행복과 기쁨을 느낄 때 행복합니다. 행복을 찾아 헤매지 말고 마음의 정원에서 기르세요.

(48) CD4체

Man is harder than iron, stronger than stone. And more fragile than a rose.

Turkish Proverb

Man is harder than iron, stronger than stone. And more fragile than a rose.

—Turkish Proverb

남성은 무쇠보다 더 굳고 돌덩이보다도 견고하다. 그러면서도 장미보다 연약하다.

따라 쓰기

man is harder than iron, stronger than stone. And more fragile than a rose.

Turkish Proverb

남성은 육체적 정신적으로 강하다고 여겨져 왔지만 남성도 약한면이 있습니다.
여성은 약하다고 여겨 지지만 육체적 정신적으로 말할 수 없이 강합니다.
어머니를 보세요. 남성 여성은 평등 합니다. 서로 존중하고 돕고 조화롭게 살아야죠.

If you want to
go fast, go alone.
If you want to go
far, go together.
African Proverb

If you want to go fast, go alone. If you want to go far, go together.

—African Proverb

당신이 신속히 가기를 원한다면 홀로 가고 멀리 가려고 한다면 동행하라.

따라 쓰기

If you want to go fast, go alone. If you want to go far, go together.

African Proverb

홀로 갈 때가 좋을 때도 있지만 오랜 여정의 인생에서 동반자는 오아시스같이 소중합니다.
배우자 가족 직장 동료 친구 등 다양한 삶의 동반자가 고난과 즐거움을 나누며 힘든 여정을 헤쳐가기에 누군가와의 동행은 필수적입니다. 소중한 동반자가 되어야 합니다.

(50) DA2체

Truth is like
the sun. You can
shut it out of
for a time, but
it doesn't go away.
Elvis Presley

Truth is like the sun. You can shut it out of for a time, but it doesn't go away.

–Elvis Presley

진실은 태양에 견주어진다. 진실을 잠깐 가릴 수는 있지만 없어지지는 않는다.

 따라 쓰기

Truth is like the sun. You can shut it out of for a time, but it doesn't go away.

Elvis Presley

진실은 사실이기에 실재하지만 거짓은 본디 없던 것이라 실체가 없어서 오래 가지 못합니다.
일시적으로 사람을 속일 수는 있으나 영원히 속일 수는 없습니다. 진실이 세상을 이깁니다.

(51) DA3체

concentration comes
out of a
combination of
confidence and hunger.
Arnold Palmer

Concentration comes out of a combination of confidence and hunger.

—Arnold Palmer

집중은 확신과 열망의 결합에서 온다.

따라 쓰기

concentration comes out of a combination of confidence and hunger.

Arnold Palmer

뜨거운 열망이 확신과 같이 갈 때 이를 집중이라 부릅니다.

송곳이 구멍을 뚫습니다. 집중 없이 대강 대강하면 아무것도 이룰 수 없습니다.

확신과 열망을 함께 녹여 천하무적의 송곳 같은 집중을 만들어야지요.

(52) DA4체

To the world you
may be one person,
but to one person
you may be the
world.

Brandi Snyder

To the world you may be one person, but to one person you may be the world.

—Brandi Snyder

이 세상에서 당신은 그냥 한 사람에 불과할지 모르지만 어떤 사람에게는 세상 전체일 수도 있습니다.

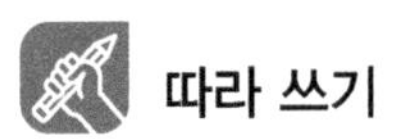

따라 쓰기

To the world you may be one person, but to one person you may be the world.

Brandi Snyder

세상을 이겨내고 살아갈 수 있는 것은 알든 모르든 많은 사람의 도움이 있기 때문입니다.
작은 도움과 희생도 어떤 이에게는 큰 힘 이 되고 인생을 바꾸는 동기가 됩니다.
다른 이에게 소중하고 쓸모있는 사람이 될 때 삶은 의미와 가치가 있습니다.

(53) DB1체

No matter how
far you have gone
on a wrong road,
turn back.

Anonymous

No matter how far you have gone on a wrong road, turn back.

—Anonymous

비록 당신이 아주 멀리 잘못된 길을 갔을지라도 돌이켜라.

따라 쓰기

No matter how far you have gone on a wrong road, turn back!

Anonymous

무엇을 하려고 할 때 늦은 때는 없습니다. 지금이 할 때입니다.

잘못된 길을 멀리 갔어도 깨달은 지금 어려움을 감수하고 반성하는 것은 부끄러운 일이 아니라 용기 있고 당당한 일입니다. 지금이란 늦은 때가 아니라 무엇이든 할 수 있는 가장 이른 때입니다.

Success is a
science; if you
have the conditions,
you get the result.
Oscar Wilde

Success is a science; if you have conditions, you get the result.

—Oscar Wilde

성공이란 과학이다. 만약 당신이 성공의 여건을 갖추고 있으면 성공을 획득한다.

따라 쓰기

Success is a science; if you have the conditions, you get the result.

Oscar Wilde

성공은 우연이 아닙니다. 기회가 와도 준비가 되어 있지 않으면 잡을 수 없습니다.
준비하고 시간을 기다리는 사람이 기회를 잡고 성공 합니다. 확신이 준비의 시작과 끝입니다.

(55) DB3체

When life brings
big winds of change
that almost blow you
over… close your eyes,
hang on tight, and
believe. // Anonymous

When life brings big winds of change that almost blow you over… close your eyes, hang on tight, and BELIEVE.

—Anonymous

삶이 거의 당신을 날려버릴 듯한 변화의 바람을 몰고 올지라도 두 눈을 뜨지 말고 견디어 내라.
믿으면서.

따라 쓰기

When life brings
big winds of change
that almost blow you
over… close your eyes,
hang on tight, and
believe.// Anonymous

삶은 변화의 연속입니다. 내일 무슨 일이 일어날지 모릅니다. 변화의 바람이 고난을 동반할 수도 있습니다. 묵묵히 시간을 견디세요. 비 바람은 반드시 그치게 되어 있습니다. 검은 구름이 걷 치면 밝은 태양이 빛납니다.

(56) DB4체

Life is like riding
a bicycle. To keep
your balance you
must keep moving.
Albert Einstein

Life is like riding a bicycle. To keep your balance you must keep moving.

—Albert Einstein

삶은 자전거 타기와 같다. 균형을 유지하기 위해서는 계속 달려야 한다.

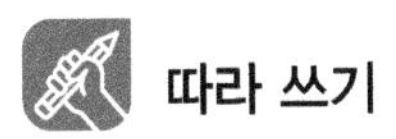

따라 쓰기

Life is like riding a bicycle. To keep your balance you must keep moving.

Albert Einstein

굴곡 많은 인생을 헤쳐가기란 쉽지 않습니다.
넘어지지 않고 머무르지 않기 위해서는 계속 달려야 합니다.
산다는 것은 쉬지 않고 달리는 것을 전제로 합니다.
희망과 심장이 계속 뛰는 것이 증거입니다.

(57) DC1체

If you want
the present to be
different from the
past, study the
past.

Baruch Spinoza

If you want the present to be different from the past, study the past.

–Baruch Spinoza

오늘날이 지난날과 같지 않기를 바란다면 지난날을 연구하라.

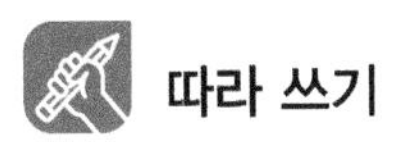

따라 쓰기

If you want the present to be different from the past, study the past.

Baruch Spinoza

지난날에 사로잡혀 있으면 진보하는 오늘날을 가질 수 없습니다.
지난날을 살펴서 깨닫고 변화하면 오늘날은 지난날과 다릅니다.
지난날은 망각해야 할 존재가 아니라 디딤돌입니다.
힘차게 딛고 일어나 앞으로 걸어가야죠.

(58) DC2체

a good friend
knows all your
best stories. A
best friend has
lived them with
you. // Anonymous

A good friend knows all your best stories. A best friend has lived them with you.

—Anonymous

훌륭한 친구는 당신의 모든 삶의 여정을 알고 있지만 최고의 친구는 당신의 모든 삶의 여정을 당신과 함께 동고동락한 사람이다.

따라 쓰기

여러 부류의 친구가 있습니다. 진실한 친구는 당신의 삶에 동참하여 같이 울고 웃으며 어려울 때 손을 잡아줍니다. 인생길에 참 친구는 배우자 같은 친구입니다

(59) DC3체

Forgive all who
have offended you,
not for them,
but for yourself.
Harriet Nelson

Forgive all who have offended you, not for them, but for yourself.

—Harriet Nelson

당신을 화나게 하는 모든 사람을 그들을 위하여가 아니라 당신을 위하여 용서하라.

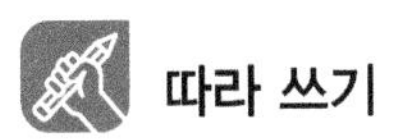

따라 쓰기

Forgive all who
have offended you,
not for them,
but for yourself.
Harriet Nelson

약으로 육신의 상처는 치료되지만 마음의 상처는 잘 치유되지 않습니다.
마음의 상처를 입힌 이를 용서하면 상처와 화는 사라지고 마음에 평안이 옵니다.
용서는 남이 아니라 자신을 위함입니다. 용서는 마음의 상처에 기적의 약이며 의로운 이기심입니다.

(60) DC4체

When you innovate, you've got to be prepared for people telling you that you are nuts. // Larry Ellison

---

When you innovate, you've got to be prepared for people telling you that you are nuts.

—Larry Ellison

당신이 쇄신을 할 때 세상 사람의 '당신은 바보다'라는 말을 감당할 각오를 해야 한다.

따라 쓰기

When you innovate, you've got to be prepared for people telling you that you are nuts. // Larry Ellison

변하는 세상은 쇄신을 요구하지만 대중은 현실에 안주하고 쇄신을 두려워하고 쇄신하려는 사람을 비난하고 조롱합니다. 대중에게 휩쓸리지 말고 믿음으로 무장하고 용기를 가지고 일일신해야 합니다.

(61) DD1체

If you want something you've never had, you have to do something you have never done. // Anonymous

If you want something you've never had, you have to dosomething you've never done.

−Anonymous

만약 당신이 전혀 갖지 않았던 무언가를 가지기 원한다면 당신은 전혀 하지 않았던 무언가를 해야 한다.

따라 쓰기

If you want something you've never had, you have to do something you have never done. // anonymous

사람의 욕심은 한계도 두려움도 없지만 새로운 시도는 두려워 합니다.
주저하지 말고 두려워하는 일을 하면 두려움은 사라집니다.
두려움과 맞서 싸우고 몰아내는 일이 인생입니다.

Never bend your head. Hold it high. Look the world straight in the eye.

—Helen Keller

Never bend your head. Hold it high. Look the world straight in the eye.

—Helen Keller

절대로 고개를 숙이지 말라. 고개를 높이 들어라. 눈을 뜨고 이 세상을 똑바로 응시하라.

따라 쓰기

Never bend your head. Hold it high. Look the world straight in the eye.

Helen Keller

생존경쟁이 치열한 물리적인 이 세상을 극복할 수 있는 것은 오직 인간의 정신입니다.
고개를 높이 들고 당당히 이 세상과 대면하세요. 믿음 소망 사랑이 세상을 이깁니다.

(63) DD3체

Being someone's
first love may
be great, but
be their last
is beyond perfect.
Anonymous

Being someone's first love may be great, but be their last is beyond perfect.

−Anonymous

어떤 이의 최초의 사랑이 되는 것이 훌륭한 일일지도 모르지만 마지막 사랑이 되는 것은 완전을 넘어서는 일이다.

따라 쓰기

사랑은 마음에서 옵니다. 처음 사랑은 기적입니다.
마지막 사랑은 처음 사랑을 초월하는 불멸의 기적이고 사랑의 완성이며 영원으로 가는 빛나는 길입니다.

Life always offers
you a second
chance. It's called
"Tomorrow."

Anonymous

Life always offers you a second chance. It's called "TOMORROW"

−Anonymous

인생은 언제나 당신에게 두 번째 기회를 내민다. 내일이라고 불리는.

따라 쓰기

life always offers you a second chance. It's called "Tomorrow."

Anonymous

삶은 현재이기에 인생은 오늘입니다.
오늘 희망을 품고 실천하면 바라던 내일이 옵니다. 오늘이 희망입니다.
희망은 내일을 밝히는 횃불입니다. 희망이 내일입니다. 희망의 횃불을 높이 들고 일어나 걸으세요!

06.

아름다운 물결체 4096체

1) 아름다운 물결체 기본 64체에서 아름다운물결체 4096체로 확장

아름다운 물결체 기본 64체가 아름다운 물결체의 근간입니다. 64체 각각 체에 각각의 64체를 조합함으로써 (64 ✕ 64) 4096체가 발견됩니다.

좋아하는 체를 골라서 짝을 맞추어 (커플로) 아름다운 물결체 4096체를 즐기시기를 바랍니다.

07.
아름다운 물결체 기본 64체의 무한 확장

아름다운 물결체 기본 64체를 교차 조합하여 (쌍으로) 4096체를 얻을 수 있음을 보았습니다. 이러한 쌍으로 교차 조합하는 4096체 외에 기본 64체를 가지고 다양한 형태로 배열하고 교차 조합함으로, 거의 무한대의 서체를 만들어 즐길 수 있습니다. 아름다운 물결체 기본 64체를 활용하여 무한대의 다양한 서체를 즐기시기 바랍니다.

참고문헌

최용훈. 「영어로 만나는 세계명언」. 서울: 종합출판 · 외국어. 2006

안용백. 「인생을 바꾸는 세계명언」. 서울: ㈜도서출판 넥서스. 2002

에릭 홍. 「영어명언 베스트 365」. 서울: 반석출판사. 2016

남상춘

성결교신학대학교 졸업(1992년)
한영신학대학교 대학원 졸업(2007년) (설교통역학 석사)
인천대학교대학원 영어영문학과 수료(2010)

영어필기체 아름답게 쓰기

초판 1쇄 2023년 03월 10일

지은이 남상춘
발행인 김재홍
교정/교열 김혜린
디자인 현유주
마케팅 이연실

발행처 도서출판지식공감
등록번호 제2019-000164호
주소 서울특별시 영등포구 경인로82길 3-4 센터플러스 1117호 (문래동1가)
전화 02-3141-2700
팩스 02-322-3089
홈페이지 www.bookdaum.com
이메일 jisikwon@naver.com

가격 22,000원
ISBN 979-11-5622-780-9 13640